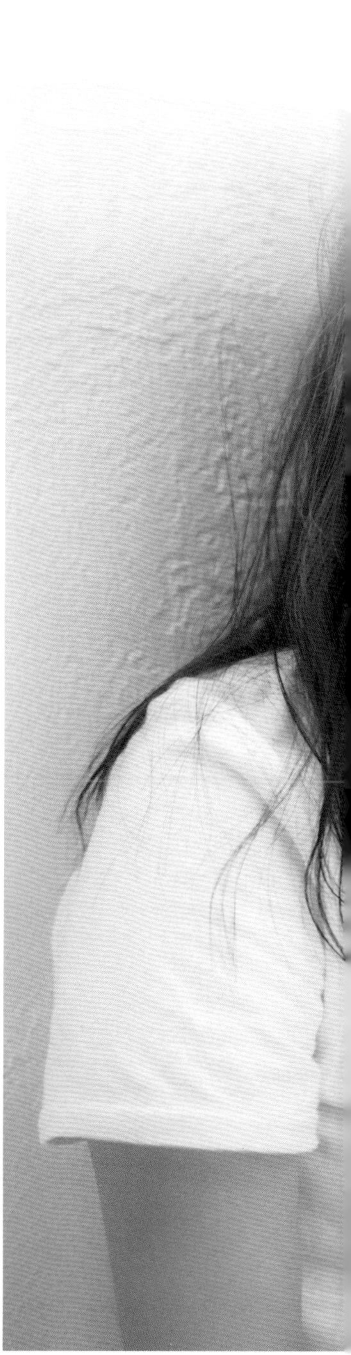

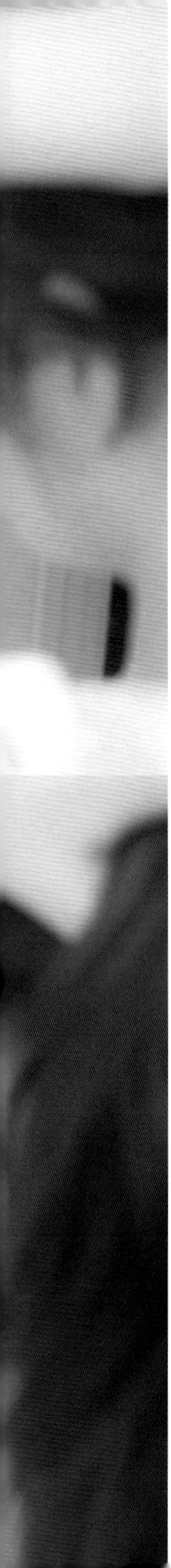

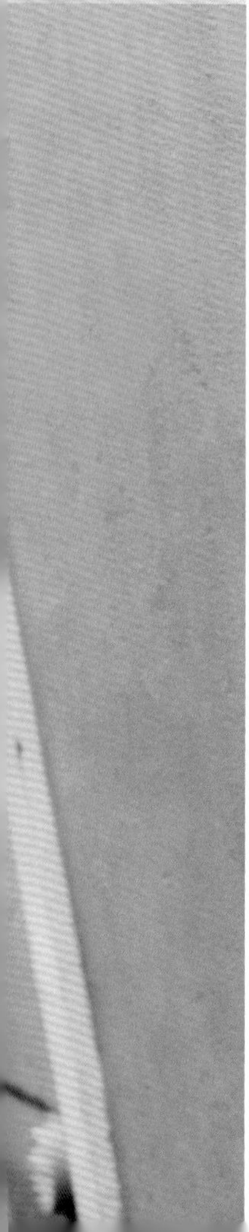

ool

高さ注意

ぼくたちのコンニャク先生
よるくま

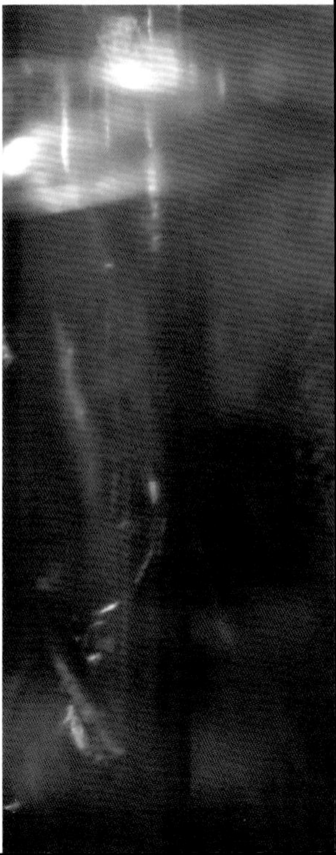

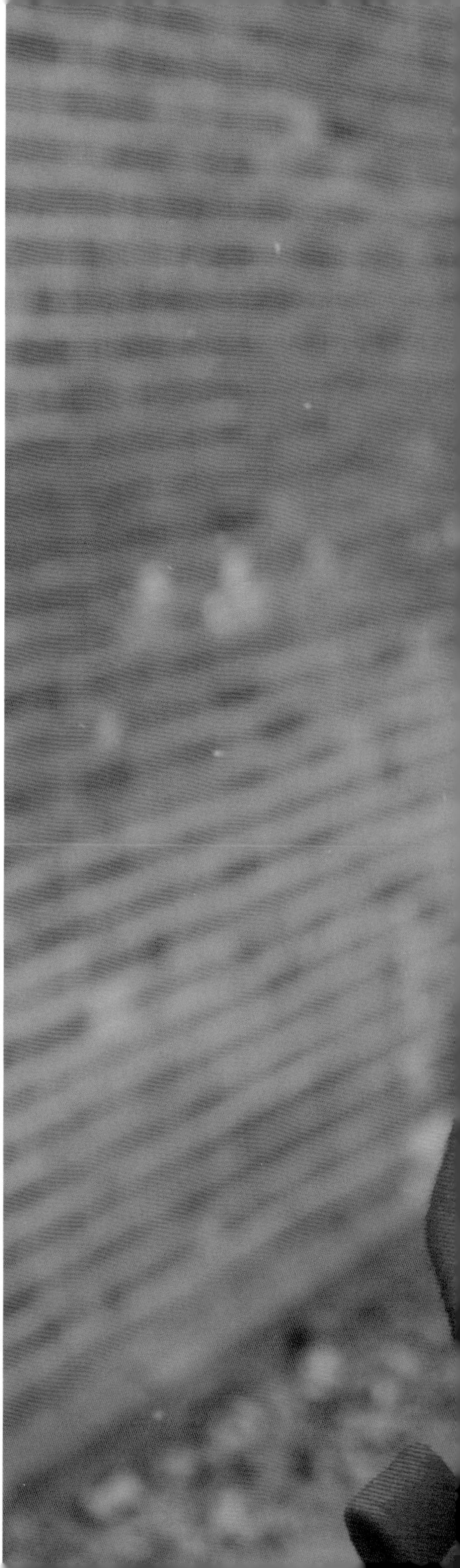

あける

19:47
19:58
20:35
20:57
21:08
21:37
21:37

19:47
19:58
20:35
20:57
21:08
21:37
21:37

小児
7:24
8:27
9:56
10:57
12:11
13:47
15:09
16:04
17:17
18:37
19:47
20:57
7:36
8:50
10:10
11:11
12:25
14:01
15:22
16:17
17:28
18:48
19:58
21:08
8:02
9:28
11:09
14:32
16:46
19:27
21:37
東能代 7:58
深浦 11:09
深浦 13:25
深浦 17:22
鰺ケ沢 18:18
深浦 19:27
鰺ケ沢 20:35
鰺ケ沢 21:37

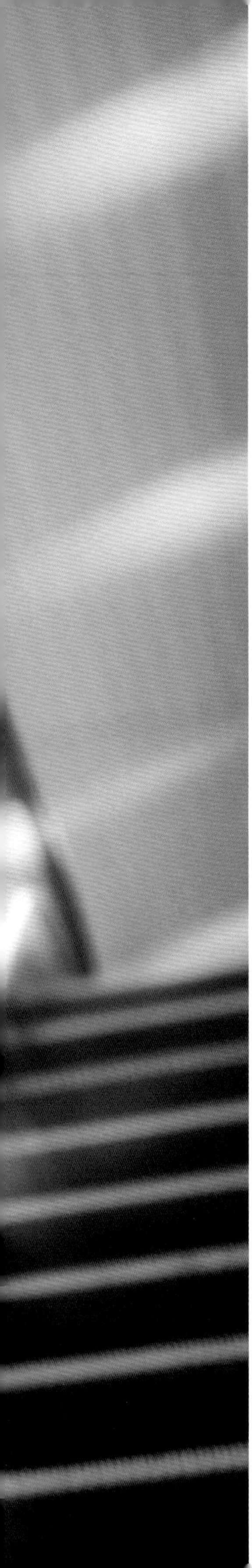

NOT FOR SALE
明治
牛乳
ケニーのまど

ケニーのまど

ケニーのまど

18:00

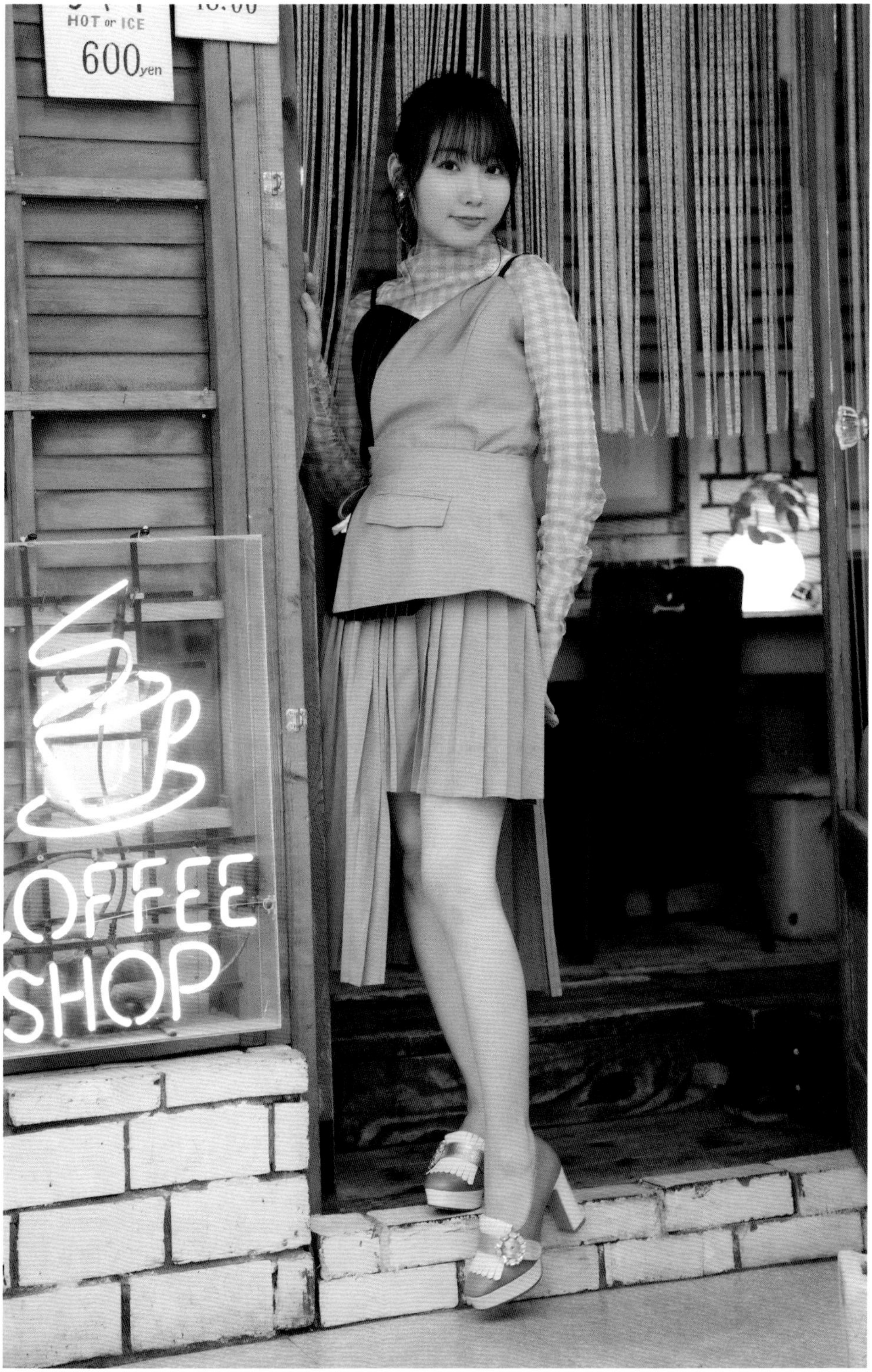
HOT or ICE
600yen
SHOP

8. これから声優としての目標はありますか？

誰でも分かる作品に出演すること
ディズニーの映画に出演すること
プリキュアに出演すること

9. ご自身の短所を3つ教えてください

めんどくさがりや
適当
心配性

10. ご自身の長所を3つ教えてください

二重 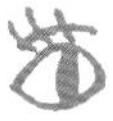
普通の人より声がいい
愛嬌がある

11. ファンの皆様に、これからこんな木戸衣吹を見て欲しいと言うところを教えてください

22になりました！
これからは大人な芝居もできるようになってレベルアップして
新しい木戸衣吹を見せられるように邁進していきます！
どうぞ皆さんこれからも末永く応援よろしくお願いします。

ご購入いただきありがとうございました！！

Ibuki Kido's Q&A

1. 1年ぶりですね、お元気でしたか？

元気でぇーす

2. この1年で何か
変わったことはありましたか？

ボキャブラリーを増やすために
本を読むようになりました。

3. ホヤがお好きな木戸ちゃんでしたが、
あれからお酒の好みは変わりましたか？

全然変わりません。
未だに甘いお酒しか飲めません(苦笑)

4. 得意料理はできましたか？

特にないんですよね‥
人に食べさせられるような
見た目じゃないので‥

5. 声優として、自分自身何か変わったことや
気が付いたことはありますか？

役が生き生きと見えるようどんな映像に
なってるのか又はなる予定なのかをしっかり
聞くようになりました。

6. もし、声優になっていなかったら
自分は何になっていたでしょう？

看護師

7. それはなぜ？

母が看護師で、幼い頃から
あなたはやりたい事が特になかったら
看護師か公務員になれと言われていたから。

Photographer　pon
Stylist　松田亜侑美
Hair&Make-up　大久保沙菜

Newpage
Stylist　下田翼
Hair&Make-up　伊佐千秋

TRANSWORLD JAPAN
Producer　斉藤弘光
Designer　山根悠介
Sales　原田聖也
Production manager　高橋香緒（HORIPRO INTERNATIONAL INC.）

Special thanks
撮影協力　Cafe See More Glass
東京都渋谷区神宮前 6-27-8 京セラ原宿ビル B1F
03-5469-9469

太宰治記念館
青森県五所川原市金木町朝日山 412-1

衣装協力
ADINA MUSE SHIBUYA ／ 03-5458-8855
Aymmy in the batty girls ／ 03-3470-0140
CA4LA ／ 03-5775-3433
ダイアナ ロマーシュ ／　03-3478-4001
dazzlin ／　03-5447-6592
Honey Salon by hoppish ／　03-5410-3538
原宿シカゴ原宿店 ／ 03-6427-5505
BJ CLASSIC COLLECTION (Eye's Press) ／ 03-6884-0123
merry jenny ／ 03-6840-5353
LA BELLE ETUDE ／ 03-6431-9431

more Breath
Ibuki Kido

2020 年 9 月 25 日　初版第一刷発行

発行者　佐野 裕
発行所　発行所／トランスワールドジャパン株式会社
〒150-0001 東京都渋谷区神宮前 6-25-8 神宮前コーポラス
Tel : 03-5778-8599 Fax : 03-5778-8590

印刷所　株式会社グラフィック

ISBN 978-4-86256-294-4
2020 Printed in Japan